George Asumadu
Daniel Ofori

Reestruturação da dívida e crescimento das PME

George Asumadu
Daniel Ofori

Reestruturação da dívida e crescimento das PME

Enfrentar os desafios económicos rumo ao desenvolvimento sustentável

ScienciaScripts

Imprint

Cover image: www.ingimage.com

This book is a translation from the original published under ISBN 978-620-7-65421-5.

Publisher:
Sciencia Scripts
is a trademark of
Dodo Books Indian Ocean Ltd. and OmniScriptum S.R.L publishing group

120 High Road, East Finchley, London, N2 9ED, United Kingdom
Str. Armeneasca 28/1, office 1, Chisinau MD-2012, Republic of Moldova, Europe
Printed at: see last page
ISBN: 978-620-7-72624-0

"Reestruturação da dívida e crescimento das PME: Navegar pelos desafios económicos rumo ao desenvolvimento sustentável"

Introdução

Este livro constitui uma exploração abrangente da intrincada relação entre os crescentes níveis de endividamento do Gana e o imperativo de promover o crescimento das Pequenas e Médias Empresas (PME). No panorama dinâmico da economia do Gana, a intersecção destas duas questões críticas apresenta desafios e oportunidades para o desenvolvimento sustentável.

No seu cerne, este livro aprofunda as complexidades do terreno económico do Gana, proporcionando aos leitores uma compreensão diferenciada das dinâmicas multifacetadas em jogo. Ao desvendar o contexto histórico e os desafios contemporâneos que rodeiam a situação da dívida do Gana, lançamos as bases para uma exploração mais profunda das interdependências entre as iniciativas de reestruturação da dívida e o desenvolvimento das PME. Através de uma análise rigorosa e de provas empíricas, esclarecemos os motores da acumulação da dívida e as suas implicações para a estabilidade e o crescimento económicos.

No centro da nossa análise está o reconhecimento de que os desafios da dívida do Gana e o imperativo do crescimento das PME estão profundamente interligados. As decisões tomadas no domínio da reestruturação da dívida têm efeitos de grande alcance, moldando as oportunidades e os constrangimentos enfrentados pelas PME, o motor da economia do Gana. Este livro disseca o paradigma macroeconómico e as suas consequências microeconómicas, fornecendo aos decisores políticos, aos empresários e às partes interessadas conhecimentos que lhes permitam desenvolver estratégias informadas que não só aliviem os encargos da dívida, mas também impulsionem o crescimento das PME, promovendo uma economia resiliente e inclusiva.

Com base em estudos de casos reais e enquadramentos políticos, este livro oferece perspectivas práticas para enfrentar os desafios económicos do Gana rumo ao desenvolvimento sustentável. Ao apresentar iniciativas bem sucedidas de reestruturação da dívida e destacar a importância dos mecanismos de apoio às PME, pretendemos inspirar uma ação colectiva e promover parcerias para a prosperidade. Através do diálogo, da partilha de conhecimentos e de um espírito de colaboração, acreditamos que o Gana pode enfrentar as suas provações económicas com confiança e preparar o caminho para um futuro em que a prosperidade seja alcançável para todos os seus cidadãos.

Objectivos

Fornecer uma compreensão abrangente do panorama económico do Gana, analisando a relação intrincada entre o aumento dos níveis de endividamento e o imperativo de crescimento das PME.

Explorar o contexto histórico e os desafios contemporâneos que rodeiam a dinâmica da dívida do Gana, lançando luz sobre os motores da acumulação da dívida e as suas implicações para a estabilidade económica e o desenvolvimento.

Elucidar a interação entre as iniciativas de reestruturação da dívida e o desenvolvimento das PME, identificando oportunidades e desafios para as PME no contexto das estratégias de gestão da dívida.

Examinar os quadros políticos e as estratégias destinadas a enfrentar os desafios da dívida do Gana e, simultaneamente, fomentar um ambiente propício ao desenvolvimento das PME, promovendo assim um desenvolvimento económico sustentável.

Oferecer uma visão do mundo real através de estudos de casos e de provas empíricas, apresentando iniciativas bem sucedidas de reestruturação da dívida e de crescimento das PME e extraindo lições aprendidas para informar futuras intervenções políticas e estratégias para o desenvolvimento sustentável no Gana.

Índice

Capítulo: 1 Introdução ao contexto da dívida do Gana

A situação da dívida do Gana é um tema de grande interesse e preocupação, tanto a nível nacional como internacional. O país tem um longo historial de lidar com os desafios da dívida, e compreender o contexto em que estes desafios surgem é crucial para os decisores políticos, economistas e outras partes interessadas, a fim de desenvolver estratégias eficazes para gerir e reduzir os níveis da dívida (Musah, 2023).

A dívida do Gana tem vindo a aumentar de forma constante ao longo das últimas décadas, em grande parte devido a uma combinação de factores como a má gestão económica, práticas de endividamento insustentáveis e choques externos. A dinâmica da dívida do país foi moldada por uma série de questões estruturais, incluindo uma base de receitas reduzida, taxas de juro elevadas e acesso limitado aos mercados financeiros internacionais. Estes desafios foram agravados por factores como a corrupção, a fragilidade das instituições e a instabilidade política durante as duas primeiras décadas após a independência (Saha e Sen 2023; Justine, 2018; Lateef, 2016 e Atuobi, 2007).

Um dos principais motores da acumulação da dívida do Gana tem sido a dependência do país de empréstimos externos como fonte de financiamento para projectos de desenvolvimento e investimentos em infra-estruturas, bem como para a importação de praticamente todos os produtos de base. Embora o endividamento possa ser um instrumento útil para o desenvolvimento económico, também pode representar riscos se não for gerido corretamente. Os níveis de dívida do Gana aumentaram para níveis insustentáveis nos últimos anos, o que suscita preocupações quanto à capacidade do país para cumprir as suas obrigações de dívida e manter a sustentabilidade orçamental.

Outro aspeto importante do contexto da dívida do Gana é o papel dos credores externos, incluindo instituições multilaterais como o Fundo Monetário Internacional (FMI), o Banco Mundial e o Banco Africano de Desenvolvimento, bem como credores bilaterais como a China e outros países. Estes credores desempenham um papel fundamental na definição das políticas de dívida do Gana e no fornecimento de apoio financeiro, mas também influenciam as opções políticas e as prioridades económicas do país.

O contexto da dívida do Gana é também influenciado por tendências e acontecimentos económicos globais, tais como alterações nos preços dos produtos de base, flutuações cambiais e mudanças nos mercados financeiros internacionais. Estes factores externos podem ter implicações significativas para a sustentabilidade da dívida e para o desempenho económico do Gana, salientando a interligação da economia do país com a economia global.

Nos últimos anos, o Gana tomou medidas para enfrentar os desafios da sua dívida através de uma combinação de medidas de consolidação orçamental, acordos de reestruturação da dívida e reformas destinadas a melhorar as práticas de gestão da dívida. No entanto, o país ainda enfrenta desafios significativos para alcançar a sustentabilidade da dívida e manter a estabilidade macroeconómica, especialmente face à atual pandemia de COVID-19 e ao seu impacto económico.

Em resumo, a compreensão do contexto da dívida do Gana é essencial para os decisores políticos, economistas e outras partes interessadas desenvolverem estratégias eficazes para gerir e reduzir os níveis da dívida. Ao examinar os factores estruturais, institucionais e externos que moldam a dinâmica da dívida do Gana, é possível identificar os principais desafios e oportunidades para enfrentar os desafios da dívida do país e promover um desenvolvimento económico sustentável.

Compreender a paisagem histórica

A dívida do Gana é uma questão complexa que tem raízes históricas profundas. Para compreender plenamente e abordar a atual situação da dívida do país, é crucial examinar a paisagem histórica que moldou a trajetória financeira do Gana. A história da dívida do Gana remonta à era colonial, quando o país era conhecido como a Costa do Ouro, uma colónia britânica. Durante este período, a administração colonial contraiu empréstimos avultados para financiar o desenvolvimento de infra-estruturas e os custos administrativos. Esta acumulação inicial de dívida preparou o terreno para os futuros desafios financeiros do Gana.

Após a independência em 1957, o Gana enfrentou uma miríade de dificuldades económicas, incluindo elevados níveis de dívida remanescentes do período colonial. O governo recém-independente, sob a liderança de Kwame Nkrumah, continuou a contrair empréstimos para financiar projectos de desenvolvimento ambiciosos destinados a modernizar o país. No entanto, a má gestão e a corrupção conduziram à instabilidade económica e a uma nova escalada dos níveis de endividamento. No início da década de 1980, o Gana encontrava-se no meio de uma grave crise da dívida, que levou a um programa de ajustamento estrutural imposto pelo Fundo Monetário Internacional (FMI) e pelo Banco Mundial.

O programa de ajustamento estrutural tinha por objetivo estabilizar a economia do Gana e reduzir o peso da sua dívida através de uma série de medidas de austeridade, incluindo a desvalorização da moeda, a redução dos subsídios e a privatização de empresas públicas. Embora estas medidas tenham ajudado a estabilizar a economia a curto prazo, também exacerbaram a pobreza e a desigualdade no país. Além disso, o Gana continuou a contrair empréstimos para financiar os seus défices orçamentais, aumentando ainda mais os seus níveis de endividamento.

Nos últimos anos, o Gana envidou esforços para resolver a situação da sua dívida através de iniciativas de redução da dívida e de uma melhor gestão orçamental. O país concluiu com êxito a Iniciativa para os Países Pobres Altamente Endividados (PPAE) em 2004, o que reduziu significativamente o peso da sua dívida externa. No entanto, os níveis da dívida interna continuam elevados, o que constitui um desafio para o crescimento económico e o desenvolvimento sustentáveis. A situação da dívida do Gana é ainda agravada pelo impacto da pandemia de COVID-19, que conduziu a uma contração da atividade económica e a um aumento dos empréstimos contraídos pelo Estado para financiar medidas de estímulo.

Compreender o panorama histórico da dívida do Gana é essencial para formular políticas eficazes para enfrentar os seus actuais desafios financeiros. Para avançar, o governo deve dar prioridade a uma gestão fiscal sólida, à transparência e à responsabilidade, a fim de reduzir os níveis da dívida e criar uma economia mais sustentável e inclusiva para todos os ganeses.

Desafios e consequências

A acumulação de dívida no Gana pode ser atribuída a vários factores, tais como despesas excessivas do governo, empréstimos para financiar projectos de infra-estruturas e choques económicos externos. Estes desafios têm implicações significativas para a economia e as perspectivas de desenvolvimento do país, uma vez que limitam a capacidade do governo para investir em serviços sociais cruciais e em iniciativas de desenvolvimento económico.

Um dos principais desafios que o Gana enfrenta em resultado da sua dívida é o peso do serviço da dívida. O governo é obrigado a efetuar pagamentos regulares para pagar o serviço da dívida, o que desvia recursos de sectores críticos como a saúde, a educação e as infra-estruturas. Este facto pode ter um impacto negativo nas perspectivas de desenvolvimento do país, uma vez que limita a capacidade do governo para investir em capital humano e em serviços públicos essenciais. Além disso, os elevados níveis de serviço da dívida podem conduzir a um ciclo de contração de empréstimos para pagar as dívidas existentes, exacerbando o peso da dívida e criando um ciclo vicioso de endividamento.

Outra consequência da dívida do Gana é o impacto na notação de crédito do país e no acesso aos mercados internacionais de capitais. Níveis elevados de dívida podem indicar aos investidores que o país é um investimento de risco, conduzindo a custos de empréstimo mais elevados e a um acesso limitado ao financiamento. Esta situação pode dificultar a capacidade do governo para obter fundos para projectos de infra-estruturas e outras iniciativas de desenvolvimento, limitando ainda mais o crescimento económico e as perspectivas de desenvolvimento. Além disso, uma má notação de crédito pode também afetar a capacidade do país para atrair investimento direto estrangeiro, prejudicando ainda mais o crescimento económico e o desenvolvimento.

Os desafios e as consequências da dívida do Gana também se estendem à capacidade do país para atingir os seus objectivos de desenvolvimento e reduzir a pobreza. Os elevados níveis de dívida podem limitar a capacidade do governo para investir em serviços sociais, infra-estruturas e outras iniciativas de desenvolvimento, que são cruciais para a redução da pobreza e o desenvolvimento sustentável. O peso da dívida pode também ter um impacto negativo no crescimento económico, uma vez que os recursos que poderiam ser utilizados para investimentos produtivos são desviados para o serviço da dívida. Esta situação pode conduzir a uma redução da criação de emprego, à desigualdade de rendimentos e a um aumento dos níveis de pobreza, prejudicando ainda mais as perspectivas de desenvolvimento do país.

Para enfrentar os desafios e as consequências da dívida do Gana, o governo deve tomar medidas proactivas para gerir eficazmente os seus níveis de dívida. Isto inclui a implementação da disciplina fiscal, a prioridade à sustentabilidade da dívida e o aumento da transparência e da responsabilidade na gestão da dívida. Além disso, o governo tem de explorar fontes alternativas de financiamento, como a melhoria da mobilização das receitas internas e a atração de investimento direto estrangeiro. Ao tomar estas medidas, o Gana pode mitigar os desafios e as consequências da sua dívida e criar um caminho mais sustentável para o crescimento económico e o desenvolvimento.

O quadro seguinte mostra a dívida do Gana em percentagem do PIB:

Quadro 1: ***Dívida do Gana em percentagem do PIB***

Year	2018	2019	2020	2021	2022	2023
Public Debt (In % of GDP)	62.0	58.3	72.3	79.2	93.3	86.1

Fonte: FMI como aparece em Focus Economics .com

De acordo com outro documento do site Trading Economics.com, cuja fonte é o FMI, a dívida do Gana atingiu o seu pico em 2022, com 92,40% do PIB, e o seu valor mais baixo foi de 18,50% em 2006, desde 1990.

Capítulo 2: A dinâmica da reestruturação da dívida

A reestruturação da dívida é um processo complexo e crítico a que países como o Gana recorrem frequentemente para gerir as suas dívidas pendentes. O Gana, tal como muitos países em desenvolvimento, enfrenta desafios na gestão eficaz dos seus encargos com a dívida devido a vários factores e políticas económicas. Este ensaio procura analisar a dinâmica da reestruturação da dívida no Gana, examinando as razões por detrás da necessidade frequente de reestruturação da dívida, as estratégias utilizadas e as implicações para o crescimento económico e o desenvolvimento do país.

Uma das principais razões para a necessidade de reestruturação da dívida do Gana são os seus elevados níveis de dívida externa, que foram impulsionados por factores como a dependência de empréstimos externos para financiar projectos de infra-estruturas e défices orçamentais. Este pesado fardo da dívida tornou difícil para o país cumprir as suas obrigações de serviço da dívida, levando à necessidade de acordos de reestruturação com os credores. Além disso, a vulnerabilidade do Gana a choques externos, como as flutuações dos preços dos produtos de base, agravou ainda mais os problemas da sua dívida, exigindo intervenções atempadas para evitar o incumprimento.

Em resposta aos desafios da sua dívida, o Gana utilizou várias estratégias para reestruturar as suas dívidas, incluindo a negociação de novas condições com os credores, o alargamento dos períodos de reembolso e a procura de alívio da dívida através de programas de perdão ou anulação da dívida. Por exemplo, o Gana conseguiu concluir o Programa de Troca de Dívida Interna (DDEP) com cerca de 85% dos detentores de obrigações elegíveis em 2022 (Mofep, 2022). O Gana também conseguiu chegar a acordo com os credores oficiais ao abrigo do Quadro Comum do G20 sobre um tratamento abrangente da dívida para além da Iniciativa de Suspensão do Serviço da Dívida (Mofep, 2024). Estes esforços destinam-se a reduzir os custos do serviço da dívida do país, a melhorar a sustentabilidade da dívida e a criar espaço orçamental para o investimento em sectores críticos como os cuidados de saúde, a educação e as infra-estruturas. No entanto, o êxito destas iniciativas de reestruturação depende frequentemente da cooperação dos credores, bem como da capacidade do país para aplicar políticas e reformas macroeconómicas sólidas.

O quadro seguinte apresenta os rácios de contrapartida de troca dos obrigacionistas elegíveis:

Quadro 2: ***Rácios de contrapartida de novas obrigações em troca de cada obrigação elegível entregue***

New 2027 Bond	New 2029 Bond	New 2032 Bond	New 2037 Bond
17.0%	17.0%	25.0 %	41.0%

Fonte: Banco do Gana

De acordo com o Financial Times, o Gana tem uma dívida interna de cerca de 34 mil milhões de dólares americanos para com os bancos locais e os fundos de pensões.

A dinâmica da reestruturação da dívida no Gana é também influenciada pelo empenhamento do país em instituições multilaterais como o Fundo Monetário Internacional (FMI) e o Banco Mundial. Estas instituições desempenham um papel crucial na prestação de assistência financeira, apoio técnico e aconselhamento político para ajudar o Gana a enfrentar os seus desafios em matéria de dívida e a melhorar a sua governação económica. Em troca da sua assistência, estas instituições exigem frequentemente que o Gana implemente programas de ajustamento estrutural destinados a promover a estabilidade económica, a melhorar as práticas de gestão da dívida e a fomentar o crescimento sustentável. O Gana negociou recentemente com o FMI um empréstimo de 3 mil milhões de dólares a título de Facilidade de Crédito Alargada (ECF) para implementar reformas com vista à estabilização e resistência da economia.

Além disso, a implementação bem sucedida das iniciativas de reestruturação da dívida no Gana exige uma forte vontade política, uma governação eficaz e transparência nos processos de tomada de decisão. Os problemas de governação, como a corrupção, a ineficiência e a falta de responsabilização, podem comprometer a eficácia dos esforços de reestruturação da dívida e prejudicar a capacidade do país para atrair investimentos e promover o desenvolvimento sustentável. Por conseguinte, a resolução destes problemas de governação é essencial para garantir o êxito das iniciativas de reestruturação da dívida e promover um ambiente propício ao crescimento económico.

Além disso, as implicações da reestruturação da dívida no Gana são de grande alcance e têm um impacto significativo nas perspectivas económicas e na trajetória de desenvolvimento do país. Uma reestruturação bem sucedida da dívida pode ajudar o Gana a reduzir os custos do serviço da dívida, a libertar recursos para investimentos produtivos e a criar condições para um crescimento económico sustentável. No entanto, a incapacidade de gerir eficazmente os encargos da dívida pode conduzir a um aumento do endividamento, a uma descida da notação de crédito e a uma redução do acesso aos mercados internacionais de capitais, limitando assim a capacidade do país para financiar as suas aspirações de desenvolvimento.

Em resumo, a dinâmica da reestruturação da dívida no Gana reflecte os desafios complexos que o país enfrenta para gerir os seus encargos com a dívida e promover um crescimento económico sustentável. Através da aplicação de estratégias sólidas de gestão da dívida, do diálogo com as instituições multilaterais e da resolução das questões de governação, o Gana pode enfrentar eficazmente os desafios da dívida e criar condições para a estabilidade económica e o desenvolvimento a longo prazo. Em última análise, o êxito da reestruturação da dívida é crucial para o Gana atingir os seus objectivos de desenvolvimento e melhorar o bem-estar dos seus cidadãos.

Quadros políticos e abordagens

A situação da dívida do Gana tem sido um tema de preocupação para os decisores políticos, economistas e peritos em desenvolvimento durante muitos anos. O país tem-se debatido com elevados níveis de dívida que têm impedido a sua capacidade de investir em sectores-chave como a saúde, a educação e as infra-estruturas. Neste ensaio, analisarei os quadros políticos e as abordagens que o Gana implementou para enfrentar os desafios da dívida.

Um dos principais quadros políticos que o Gana utilizou para gerir a sua dívida é a Estratégia de Gestão da Dívida a Médio Prazo (MTDS). Esta estratégia define os objectivos do governo para gerir a sua dívida e fornece um roteiro para atingir esses objectivos. A MTDS inclui objectivos para os níveis da dívida, os custos do serviço da dívida e outros indicadores-chave da dívida. Ao definir objectivos e metas claros, a EDMP ajuda o governo a dar prioridade às actividades de gestão da dívida e a tomar decisões informadas sobre o endividamento e o serviço da dívida.

Para além da MTDS, o Gana também implementou um quadro de Análise da Sustentabilidade da Dívida (ASD) para avaliar a sustentabilidade dos seus níveis de dívida. O quadro da ASD ajuda o governo a identificar potenciais riscos e vulnerabilidades no seu perfil de dívida e a desenvolver estratégias para mitigar esses riscos. Através da realização de ASD regulares, o Gana pode monitorizar a dinâmica da sua dívida e ajustar as suas estratégias de gestão da dívida, conforme necessário, para garantir a sustentabilidade da dívida.

Outra abordagem política importante que o Gana adoptou para gerir a sua dívida é a reestruturação da dívida. A reestruturação da dívida envolve a renegociação dos termos dos actuais acordos de dívida para reduzir os custos do serviço da dívida e melhorar a sustentabilidade da dívida. Nos últimos anos, o Gana celebrou acordos de reestruturação da dívida com os seus credores para baixar as taxas de juro, prolongar os prazos de vencimento dos empréstimos e reduzir o peso global da dívida. Ao reestruturar a sua dívida, o Gana pode melhorar a sustentabilidade da dívida e criar espaço fiscal para o investimento em projectos de desenvolvimento essenciais.

Para além disso, o Gana também trabalhou para melhorar a transparência e a responsabilização da dívida através da implementação de sistemas de informação sobre a gestão da dívida (DMIS). Estes sistemas ajudam o governo a acompanhar e monitorizar os seus níveis de dívida, os custos do serviço da dívida e os riscos relacionados com a dívida em tempo real. Ao aumentar a transparência e a responsabilidade na gestão da dívida, o Gana pode melhorar a sua credibilidade junto dos credores e investidores, reduzir a probabilidade de crises da dívida e reforçar a sua gestão orçamental global.

Além disso, o Gana adoptou os princípios da sustentabilidade da dívida e da concessão responsável de empréstimos através da sua participação na Iniciativa para os Países Pobres Altamente Endividados (PPAE) e na Iniciativa Multilateral de Alívio da Dívida (MDRI). Através destas iniciativas, o Gana obteve acesso ao alívio da dívida de credores bilaterais e multilaterais, reduzindo o peso da dívida e criando espaço fiscal para programas de redução da pobreza e de investimento social. Ao participar em iniciativas de alívio da dívida, o Gana pode melhorar a sustentabilidade da sua dívida e reduzir o risco de endividamento no futuro.

Além disso, o Gana também tomou medidas para diversificar as suas fontes de financiamento, explorando novas vias para a emissão de dívida, como as obrigações verdes e o financiamento islâmico. Ao aceder a fontes alternativas de financiamento, o Gana pode reduzir a sua dependência dos instrumentos de dívida tradicionais e atenuar os riscos associados à volatilidade dos mercados financeiros mundiais. Além disso, ao emitir obrigações verdes, o Gana pode financiar projectos sustentáveis do ponto de vista ambiental que contribuam tanto para o crescimento económico como para a proteção do ambiente.

Em resumo, o Gana implementou uma série de quadros e abordagens políticas para gerir a sua dívida e melhorar a sua sustentabilidade. Ao adotar a MTDS, a ASD, a reestruturação da dívida, o DMIS, as iniciativas de redução da dívida e as fontes alternativas de financiamento, o Gana deu passos significativos na resolução dos seus desafios em matéria de dívida e na criação de espaço orçamental para o investimento em sectores críticos. No futuro, o Gana deve continuar a dar prioridade à gestão e sustentabilidade da dívida para garantir a estabilidade e o crescimento económico a longo prazo.

Implicações para as PME

A recente reestruturação da dívida do Gana tem implicações significativas para as pequenas e médias empresas (PME) do país. O processo de reestruturação da dívida, iniciado pelo governo do Gana em resposta aos crescentes níveis de dívida e restrições financeiras, suscitou preocupações entre as PME relativamente à sua capacidade de aceder ao crédito, gerir o fluxo de caixa e manter as operações. Compreender as implicações desta reestruturação da dívida é crucial para as PME à medida que estas navegam na paisagem económica em mudança.

Uma das principais implicações da reestruturação da dívida do Gana para as PME é o impacto potencial no acesso ao crédito. À medida que o governo trabalha para reestruturar as suas obrigações de dívida, as instituições financeiras podem tornar-se mais cautelosas nas suas práticas de empréstimo. Isto pode resultar em condições de crédito mais restritivas para as PME, tornando mais difícil para elas garantir o financiamento necessário para crescer e expandir os seus negócios. Além disso, as taxas de juro mais elevadas sobre os empréstimos podem também tornar mais dispendioso para as PME contrair empréstimos, restringindo ainda mais a sua capacidade de aceder ao capital necessário para o investimento e a expansão.

Outra implicação da reestruturação da dívida do Gana para as PME é o efeito potencial na gestão do fluxo de caixa. Com o governo a implementar medidas de austeridade e a reduzir as despesas para cumprir as obrigações da dívida, as PME podem registar uma diminuição da procura dos seus produtos e serviços. Isto pode levar a receitas mais baixas e a problemas de fluxo de caixa para as pequenas empresas, tornando difícil para elas cobrir as despesas operacionais e cumprir as obrigações financeiras. Consequentemente, as PME poderão ter de reavaliar as suas estratégias empresariais e implementar medidas de redução de custos para manter a rentabilidade num ambiente económico difícil.

Além disso, a reestruturação da dívida no Gana pode também afetar a competitividade das PME no mercado global. À medida que o governo implementa medidas para fazer face ao seu endividamento, como a desvalorização da moeda e a consolidação orçamental, as PME que dependem de factores de produção importados ou que exportam os seus produtos podem enfrentar desafios. A desvalorização da moeda poderá aumentar o custo dos materiais e equipamentos importados, conduzindo a custos de produção mais elevados para as PME. Além disso, as medidas de consolidação fiscal podem resultar numa redução das despesas governamentais em infra-estruturas e programas de apoio que beneficiem as PME, prejudicando ainda mais a sua capacidade de competir no mercado global.

Além disso, a reestruturação da dívida no Gana poderá ter implicações no ambiente regulamentar em que as PME operam. O governo pode introduzir novas políticas e regulamentos para resolver os desafios da dívida, o que pode afetar as PME de várias formas. Por exemplo, as alterações nas políticas fiscais ou nos regulamentos de importação/exportação podem afetar a rentabilidade e as operações das pequenas empresas. É essencial que as PME se mantenham informadas sobre estas alterações regulamentares e adaptem as suas estratégias empresariais em conformidade para mitigar quaisquer riscos ou desafios potenciais que possam surgir.

Em resumo, a reestruturação da dívida no Gana tem implicações significativas para as PME do país. Desde o acesso ao crédito e à gestão do fluxo de tesouraria até à competitividade no mercado global e aos desafios regulamentares, as pequenas e médias empresas têm de navegar num panorama económico em mutação para sobreviverem e prosperarem. Ao compreender as implicações da reestruturação da dívida do Gana e ao tomar medidas proactivas para mitigar os riscos, as PME podem posicionar-se para o sucesso a longo prazo num ambiente económico difícil.

Capítulo 3: Capacitar as PME para o crescimento

Nos últimos anos, a importância de capacitar as Pequenas e Médias Empresas (PME) para o crescimento das economias em desenvolvimento, incluindo o Gana, tem merecido uma atenção crescente por parte dos decisores políticos, investigadores e profissionais do desenvolvimento (Relatório ICSB, 2023). As PME desempenham um papel crucial na economia do Gana, sendo responsáveis por uma parte significativa do emprego, da produção e da inovação. No entanto, as PME enfrentam uma miríade de desafios que impedem o seu crescimento e competitividade. Neste ensaio, discutiremos a importância de capacitar as PME para o crescimento no Gana e examinaremos as várias estratégias que podem ser implementadas para apoiar o seu desenvolvimento.

Em primeiro lugar e acima de tudo, as PME são um motor vital para o crescimento económico no Gana. Contribuem significativamente para a criação de emprego, a redução da pobreza e a criação de riqueza no país. De acordo com o Serviço de Estatística do Gana, as PME são responsáveis por mais de 70% do emprego no sector privado, o que as torna uma fonte crítica de subsistência para muitos ganeses. Além disso, as PME são conhecidas pela sua capacidade de inovar e de se adaptarem rapidamente à evolução das condições de mercado, o que as torna essenciais para impulsionar a diversificação económica e o desenvolvimento sustentável no Gana.

Apesar da sua importância, as PME no Gana enfrentam numerosos desafios que impedem o seu crescimento e competitividade. Estes desafios incluem um acesso limitado ao financiamento, infra-estruturas inadequadas, barreiras regulamentares e uma falta de competências e conhecimentos técnicos. A resolução destes desafios é crucial para libertar todo o potencial das PME e promover o seu crescimento. Capacitar as PME através de intervenções específicas e de programas de apoio pode ajudar a enfrentar estes desafios e permitir-lhes prosperar na economia do Gana.

Existem várias estratégias que podem ser implementadas para capacitar as PME para o crescimento no Gana. Uma estratégia fundamental consiste em melhorar o acesso das PME ao financiamento através da concessão de crédito e de serviços financeiros a preços acessíveis. Isto pode ser conseguido através da criação de facilidades de crédito específicas para as PME, garantias de empréstimos e programas de literacia financeira. Além disso, a prestação de assistência técnica e formação às PME pode ajudar a melhorar as suas competências e capacidades, permitindo-lhes operar de forma mais eficiente e eficaz no mercado.

Outra estratégia importante é reforçar o ambiente empresarial para as PME, reduzindo as barreiras regulamentares e melhorando a facilidade de fazer negócios. Isto inclui a racionalização dos processos de registo de empresas, a simplificação dos procedimentos fiscais e a melhoria do acesso aos mercados e às oportunidades de criação de redes. A criação de um ambiente propício ao funcionamento das PME ajudará a promover o seu crescimento e competitividade no Gana.

Além disso, a promoção da inovação e do espírito empresarial entre as PME é fundamental para o seu crescimento e sustentabilidade a longo prazo. Este objetivo pode ser alcançado através da promoção de actividades de investigação e desenvolvimento, da criação de centros tecnológicos e incubadoras e da concessão de incentivos à inovação e à criatividade. Incentivar as PME a adotar novas tecnologias e modelos de negócio ajudá-las-á a manterem-se competitivas e a adaptarem-se à evolução das tendências do mercado (Nelson et al., 2015).

Em resumo, a capacitação das PME para o crescimento no Gana é essencial para impulsionar o desenvolvimento económico e criar oportunidades de prosperidade e crescimento partilhado. Ao abordar os desafios que as PME enfrentam e ao implementar estratégias específicas para apoiar o seu desenvolvimento, o Gana pode libertar todo o potencial destas empresas e aproveitar a sua contribuição para a economia. É imperativo que os decisores políticos, os profissionais do desenvolvimento e as partes interessadas trabalhem em conjunto para criar um ambiente propício à prosperidade e ao sucesso das PME na economia do Gana. Só através de esforços concertados e de acções de colaboração é que as PME podem ser capacitadas para realizar todo o seu potencial e contribuir para o desenvolvimento sustentável do Gana.

Intervenções políticas e mecanismos de apoio

As intervenções políticas e os mecanismos de apoio desempenham um papel crucial na promoção do crescimento e do desenvolvimento das pequenas e médias empresas (PME) no Gana. As PME são a espinha dorsal da economia do Gana, contribuindo significativamente para a criação de emprego, a redução da pobreza e o crescimento económico. No entanto, as PME enfrentam frequentemente numerosos desafios, como o acesso limitado ao financiamento, infra-estruturas inadequadas e falta de conhecimentos técnicos. Neste ensaio, examinarei as várias intervenções políticas e os mecanismos de apoio que foram implementados para apoiar as PME no Gana.

Uma das principais intervenções políticas destinadas a apoiar as PME no Gana é a criação do National Board for Small Scale Industries (NBSSI). O NBSSI actua como a principal agência governamental responsável pela promoção e apoio ao desenvolvimento das PME no Gana. O NBSSI fornece uma gama de serviços às PME, incluindo formação em desenvolvimento empresarial, acesso a financiamento e assistência técnica. Através dos seus vários programas e iniciativas, o NBSSI ajuda as PME a ultrapassar alguns dos desafios que enfrentam e a melhorar a sua competitividade no mercado.

Para além do NBSSI, o governo do Gana também implementou vários mecanismos de apoio financeiro para ajudar as PME a aceder ao capital de que necessitam para crescer e expandir as suas empresas. Uma dessas iniciativas é o Centro de Microfinanças e Pequenos Empréstimos (MASLOC), que presta assistência financeira às PME através de empréstimos microfinanceiros e outros produtos financeiros. O MASLOC desempenha um papel fundamental na resolução do défice de financiamento enfrentado pelas PME no Gana, especialmente as que se encontram em zonas rurais onde o acesso a instituições financeiras formais é limitado.

Além disso, o governo do Gana introduziu políticas que promovem o empreendedorismo e a inovação entre as PME. Por exemplo, o Plano Nacional de Empreendedorismo e Inovação (NEIP) oferece formação, orientação e apoio financeiro a jovens empresários que pretendam iniciar ou expandir as suas actividades. Ao criar um ambiente propício ao empreendedorismo e à inovação, o NEIP ajuda as PME do Gana a aproveitar novas oportunidades e a competir eficazmente no mercado global.

Além disso, o governo também implementou vários programas de reforço de capacidades para melhorar as competências técnicas e de gestão das PME no Gana. Através de iniciativas como o Fundo de Desenvolvimento de Competências (SDF) e o Instituto Nacional de Formação Profissional (NVTI), as PME têm acesso a programas de formação que as equipam com as competências necessárias para melhorar a sua produtividade e eficiência. Ao investir no desenvolvimento do capital humano, o governo está a ajudar as PME do Gana a tornarem-se mais competitivas e sustentáveis a longo prazo.

Outra intervenção política importante destinada a apoiar as PME no Gana é a implementação de políticas e incentivos fiscais favoráveis. O governo introduziu reduções fiscais, isenções de impostos e outros incentivos para encorajar as PME a investir, inovar e expandir as suas operações. Ao reduzir a carga fiscal sobre as PME, o governo está a criar um ambiente propício ao crescimento e ao desenvolvimento, estimulando assim a atividade económica e a criação de emprego.

Além disso, o governo estabeleceu parcerias com organizações do sector privado, agências de desenvolvimento e doadores internacionais para apoiar as PME no Gana. Através de colaborações com organizações como o Banco Mundial, a Corporação Financeira Internacional (IFC) e o Banco Africano de Desenvolvimento (BAD), o governo consegue alavancar recursos e conhecimentos para reforçar o sector das PME e promover o crescimento sustentável. Estas parcerias permitem que as PME acedam a apoio técnico, informações de mercado e oportunidades de trabalho em rede que são essenciais para o seu sucesso.

De um modo geral, as intervenções políticas e os mecanismos de apoio são essenciais para promover o crescimento e o desenvolvimento das PME no Gana. O governo, através de agências como o NBSSI e o MASLOC, implementou várias iniciativas para enfrentar os desafios enfrentados pelas PME e ajudá-las a prosperar num ambiente empresarial competitivo. Ao investir no desenvolvimento do capital humano, ao prestar apoio financeiro, ao promover o empreendedorismo e a inovação e ao criar um ambiente fiscal favorável, o governo está a lançar as bases para um sector de PME dinâmico e resistente no Gana. No futuro, é imperativo que o governo continue a implementar políticas e programas eficazes que apoiem o crescimento e a sustentabilidade das PME, impulsionando assim o crescimento económico e a prosperidade no país.

Aproveitar a inovação e o espírito empresarial

A inovação e o espírito empresarial são factores críticos de crescimento e desenvolvimento para as pequenas e médias empresas (PME) no Gana. Estas empresas desempenham um papel significativo na economia do país, sendo responsáveis por uma grande parte do seu PIB e proporcionando oportunidades de emprego a milhões de ganeses. No entanto, para que as PME possam prosperar e competir no mercado global, devem aproveitar a inovação e o empreendedorismo para se manterem na vanguarda.

Uma das principais formas de as PME do Gana aproveitarem a inovação e o empreendedorismo é através do investimento em investigação e desenvolvimento. Ao dedicar recursos à exploração de novas ideias, produtos e processos, as PME podem diferenciar-se no mercado e obter uma vantagem competitiva. Isto pode envolver a colaboração com universidades, instituições de investigação e outras empresas para aceder a novas tecnologias e conhecimentos que podem impulsionar a inovação e o crescimento.

Outro aspeto crucial do aproveitamento da inovação e do empreendedorismo nas PME do Gana é a promoção de uma cultura de criatividade e de assunção de riscos no seio da organização. Incentivar os funcionários a pensar fora da caixa, a correr riscos calculados e a experimentar novas ideias pode levar a inovações revolucionárias que impulsionam a empresa. Isto pode implicar a oferta de oportunidades de formação e desenvolvimento para o pessoal, a criação de incentivos à inovação e o reconhecimento e recompensa dos empregados pelas suas contribuições para o sucesso da empresa.

Além disso, as PME podem aproveitar o poder da tecnologia digital para impulsionar a inovação e o empreendedorismo. A adoção de tecnologias como a inteligência artificial, a análise de grandes volumes de dados e a Internet das Coisas pode ajudar as PME a racionalizar as suas operações, melhorar a eficiência e criar novas oportunidades de negócio. Ao adotar ferramentas e plataformas digitais, as PME podem chegar a novos clientes, expandir o seu alcance de mercado e competir com concorrentes maiores em condições de igualdade.

O apoio e as políticas governamentais desempenham um papel crucial na promoção da inovação e do espírito empresarial entre as PME no Gana. Ao criar um ambiente regulamentar propício, ao proporcionar acesso a financiamento e ao oferecer incentivos à inovação, o governo pode ajudar as PME a ultrapassar as barreiras ao crescimento e a ter sucesso no mercado. Além disso, as iniciativas governamentais, tais como programas de desenvolvimento empresarial, incubadoras e aceleradores, podem fornecer às PME os recursos e o apoio de que necessitam para prosperar e ter êxito.

A colaboração e o trabalho em rede são também essenciais para as PME aproveitarem a inovação e o empreendedorismo no Gana. Ao formar parcerias com outras empresas, associações industriais e agências governamentais, as PME podem aceder a novos mercados, partilhar conhecimentos e recursos e criar sinergias que impulsionem a inovação e o crescimento. Os eventos de criação de redes, as conferências e as feiras comerciais também podem proporcionar às PME oportunidades para mostrarem os seus produtos e serviços, aprenderem com outros empresários e estabelecerem ligações valiosas que podem conduzir a novas oportunidades de negócio.

Em resumo, o aproveitamento da inovação e do espírito empresarial é essencial para o crescimento e o sucesso das PME no Gana. Ao investirem em investigação e desenvolvimento, ao promoverem uma cultura de criatividade e de assunção de riscos, ao tirarem partido da tecnologia digital e ao colaborarem com as partes interessadas, as PME podem posicionar-se para o sucesso a longo prazo no mercado. Com o apoio do governo, políticas e iniciativas que promovam a inovação e o empreendedorismo, as PME no Gana podem libertar todo o seu potencial e impulsionar o crescimento económico e o desenvolvimento no país.

Capítulo 4: A transformação digital e as PME

A transformação digital tornou-se crucial para as pequenas e médias empresas (PME) do Gana à medida que estas navegam pelas complexidades do mundo empresarial. As PME desempenham um papel importante no crescimento económico do Gana e contribuem significativamente para as oportunidades de emprego e para o rendimento nacional. No entanto, muitas PME no Gana continuam a enfrentar desafios como o acesso limitado ao financiamento, a falta de conhecimentos tecnológicos e infra-estruturas inadequadas. Estes desafios são agravados pelo peso da dívida que o Gana enfrenta atualmente.

A transformação digital pode desempenhar um papel crucial para ajudar as PME do Gana a ultrapassar estes desafios e a tornarem-se mais competitivas no mercado global. Através da utilização de tecnologias digitais, as PME podem otimizar as suas operações, aumentar a eficiência e aumentar a sua competitividade. Por exemplo, as ferramentas digitais como a computação em nuvem, a análise de dados e as plataformas de comércio eletrónico podem ajudar as PME a alcançar um mercado mais vasto, reduzir os custos e melhorar o serviço ao cliente. Em última análise, isto pode levar a um aumento das receitas e da rentabilidade, o que pode ajudar as PME do Gana a aliviar os encargos financeiros causados pela dívida do país.

Além disso, a transformação digital pode também ajudar as PME do Gana a aceder a novas fontes de financiamento e a expandir as suas actividades. Muitas instituições financeiras e investidores estão cada vez mais à procura de empresas que tenham adotado tecnologias digitais, uma vez que são consideradas mais eficientes e rentáveis. Ao tirar partido das ferramentas e plataformas digitais, as PME podem melhorar a sua fiabilidade creditícia e atrair investimento, o que pode proporcionar o capital tão necessário para o crescimento e a expansão. Isto pode ajudar as PME no Gana não só a sobreviver num ambiente económico difícil, mas também a prosperar e a contribuir para o desenvolvimento global do país.

Além disso, a transformação digital pode também ajudar as PME do Gana a tornarem-se mais resilientes e adaptáveis a choques externos, como recessões económicas ou alterações nas condições de mercado. Ao adoptarem as tecnologias digitais, as PME podem diversificar os seus fluxos de receitas, otimizar as suas cadeias de fornecimento e responder melhor à evolução das necessidades e preferências dos clientes. Isto pode ajudar as PME do Gana a resistir às incertezas económicas e a continuar a operar e a crescer mesmo perante a adversidade. Esta resiliência pode ser particularmente importante para as PME do Gana à medida que enfrentam os desafios colocados pela situação da dívida do país.

Além disso, a transformação digital também pode ajudar as PME do Gana a melhorar a sua produtividade e competitividade, que são factores-chave para impulsionar o crescimento económico e o desenvolvimento. Ao adotar tecnologias digitais, as PME podem automatizar tarefas repetitivas, melhorar a colaboração entre funcionários e aceder a dados e conhecimentos em tempo real que podem informar a tomada de decisões. Isto pode ajudar as PME do Gana a funcionar de forma mais eficiente, a responder mais rapidamente à dinâmica do mercado e a fornecer melhores produtos e serviços aos clientes. Em última análise, isto pode levar a uma maior rentabilidade e sustentabilidade para as PME no Gana, o que, por sua vez, pode contribuir para os esforços do país para reduzir o seu peso da dívida.

Além disso, a transformação digital também pode ajudar as PME do Gana a melhorar o envolvimento e a fidelidade dos seus clientes. Ao tirar partido das tecnologias digitais, as PME podem criar campanhas de marketing personalizadas, oferecer experiências de compras online convenientes e prestar um serviço de apoio ao cliente reativo. Isto pode ajudar as PME do Gana a atrair novos clientes, a reter os actuais e a construir relações duradouras com o seu mercado-alvo. Esta abordagem centrada no cliente pode não só impulsionar as vendas e as receitas das PME, mas também melhorar a reputação da sua marca e a sua competitividade no mercado. Isto pode ser particularmente importante para as PME do Gana, uma vez que estas procuram diferenciar-se num mercado concorrido e manter-se relevantes para os seus clientes.

Além disso, a transformação digital também pode ajudar as PME do Gana a melhorar a sua eficiência operacional e a reduzir os custos. Ao adoptarem ferramentas e plataformas digitais, as PME podem automatizar os seus processos, simplificar os fluxos de trabalho e eliminar ineficiências nas suas operações. Isto pode levar a poupanças de custos e a uma maior rentabilidade para as PME, o que pode ajudá-las a gerir as suas despesas e o seu fluxo de caixa de forma mais eficaz. Esta abordagem eficiente em termos de custos pode ser particularmente importante para as PME no Gana, uma vez que estas se esforçam por se manter à tona num ambiente económico difícil e minimizar o impacto do peso da dívida do país nos seus resultados.

Além disso, a transformação digital pode também ajudar as PME do Gana a melhorar as suas práticas de gestão do risco e de conformidade. Ao tirar partido das tecnologias digitais, as PME podem implementar medidas robustas de cibersegurança, gerir eficazmente a privacidade dos dados e cumprir os requisitos regulamentares. Isto pode ajudar as PME do Gana a proteger a sua informação sensível, a salvaguardar os seus activos e a mitigar potenciais riscos e vulnerabilidades. Esta abordagem consciente dos riscos pode ser particularmente importante para as PME do Gana, uma vez que estas enfrentam cada vez mais ameaças à cibersegurança e escrutínio regulamentar, o que pode ter sérias implicações para as suas operações comerciais e reputação.

O papel da tecnologia no crescimento das PME

Ao longo das últimas décadas, a tecnologia tem desempenhado um papel crucial no crescimento e desenvolvimento das pequenas e médias empresas (PME) no Gana. Estas empresas, também conhecidas como PME, constituem a espinha dorsal da economia do Gana e contribuem significativamente para a criação de emprego, a inovação e o crescimento económico global. Esta sessão irá discutir a importância da tecnologia no crescimento das PME no Gana.

Uma das principais formas em que a tecnologia facilitou o crescimento das PME no Gana é através do aumento da eficiência e da produtividade. Ao adoptarem tecnologias como a computação em nuvem, a análise de dados e a automatização, as PME podem racionalizar as suas operações e reduzir os custos, conduzindo a uma maior rentabilidade e crescimento. Por exemplo, uma pequena empresa de fabrico no Gana pode utilizar a automatização para acelerar o seu processo de produção, reduzindo os prazos de entrega e melhorando a eficiência global.

Além disso, a tecnologia também permitiu às PME do Gana chegar a novos mercados e clientes. Com o advento das plataformas de comércio eletrónico e das ferramentas de marketing digital, as pequenas empresas podem agora promover facilmente os seus produtos e serviços a um público global, expandindo a sua base de clientes e aumentando as vendas. Este facto tem sido particularmente benéfico para as PME do Gana, uma vez que lhes permite diversificar os seus fluxos de receitas e reduzir a dependência dos mercados locais.

Além disso, a tecnologia também permitiu às PME do Gana inovar e desenvolver novos produtos e serviços. Ao tirar partido de tecnologias como a impressão 3D, a inteligência artificial e a Internet das Coisas (IoT), as pequenas empresas são capazes de criar soluções de ponta que satisfazem as necessidades em evolução dos clientes. Isto não só ajuda as PME a manterem-se competitivas no mercado, como também impulsiona o crescimento e a sustentabilidade a longo prazo.

Além disso, a tecnologia tem desempenhado um papel crucial no reforço da competitividade global das PME no Gana. Com acesso a dados de mercado em tempo real, ferramentas de análise e plataformas de comunicação digital, as pequenas empresas podem tomar decisões informadas e responder rapidamente às mudanças do mercado. Esta agilidade e adaptabilidade são essenciais para as PME que operam no ambiente de dívida do Gana, onde as condições económicas são frequentemente voláteis e imprevisíveis.

Além disso, a tecnologia também desempenhou um papel significativo na melhoria da gestão financeira das PME no Gana. Ao adotar software de gestão financeira, as PME podem acompanhar melhor as suas despesas, monitorizar o fluxo de caixa e tomar decisões de investimento informadas. Isto não só ajuda as PME com dívida do Gana a manterem-se financeiramente solventes, como também lhes permite aceder mais facilmente ao capital e fazer crescer as suas empresas.

No entanto, é importante notar que, embora a tecnologia possa facilitar o crescimento e o desenvolvimento das PME no Gana, há também desafios e barreiras que precisam de ser resolvidos. Um dos principais desafios é a falta de acesso a conetividade à Internet fiável e a preços acessíveis em muitas partes do Gana. Sem acesso à Internet, as PME podem ter dificuldade em tirar partido das tecnologias digitais de forma eficaz e atingir todo o seu potencial de crescimento.

Além disso, existe também um défice de competências entre os proprietários e os trabalhadores das PME no Gana no que diz respeito à adoção de tecnologias. Muitas pequenas empresas não possuem as competências técnicas e os recursos necessários para implementar e manter tecnologias complexas. Consequentemente, podem não aproveitar plenamente os benefícios que a tecnologia pode oferecer para o seu crescimento e sustentabilidade.

Além disso, existem também riscos de cibersegurança que as PME do Gana devem ter em conta quando adoptam novas tecnologias. Com o aumento da quantidade de dados gerados e armazenados eletronicamente, as PME são vulneráveis a ciberataques e violações de dados que podem ter consequências devastadoras para as suas empresas. Por conseguinte, é essencial que as PME invistam em medidas de cibersegurança e formação para protegerem as suas informações e bens valiosos.

Desafios e oportunidades

As pequenas e médias empresas (PME) enfrentam desafios e oportunidades quando adoptam tecnologias digitais. Embora as tecnologias digitais possam oferecer às PME inúmeros benefícios, como uma maior eficiência e produtividade, estas também têm de ultrapassar vários obstáculos para integrar com êxito estas tecnologias nas suas operações. Este ensaio analisa os vários desafios e oportunidades que as PME enfrentam quando adoptam as tecnologias digitais e fornece informações sobre como podem ultrapassar estes obstáculos para prosperar na economia digital.

Desafios

Um dos principais desafios que as PME enfrentam quando adoptam tecnologias digitais é o elevado investimento inicial necessário. A aquisição e implementação de novo software, equipamento e infra-estruturas pode ser dispendiosa e muitas PME podem não ter os recursos financeiros para efetuar esses investimentos. Além disso, pode haver custos contínuos associados à formação dos funcionários para a utilização de novas tecnologias, bem como à sua manutenção e atualização ao longo do tempo.

Outro desafio que as PME enfrentam frequentemente é a falta de conhecimentos técnicos na sua organização. Muitas PME não têm departamentos de TI dedicados ou funcionários com as competências e os conhecimentos necessários para implementar e gerir eficazmente as tecnologias digitais. Este facto pode impedir a sua capacidade de aproveitar plenamente o potencial destas tecnologias e pode resultar em subutilização ou ineficiências.

Além disso, as PME podem também encontrar resistência à mudança por parte dos funcionários que hesitam em adotar novas tecnologias ou processos. Isto pode ser particularmente difícil em empresas com uma tradição ou cultura de longa data que valoriza os métodos tradicionais em detrimento das soluções digitais. Ultrapassar esta resistência e promover uma cultura de inovação e adaptabilidade é crucial para uma transformação digital bem sucedida.

Oportunidades

Apesar destes desafios, existem também inúmeras oportunidades para as PME que adoptam com sucesso as tecnologias digitais. Um dos principais benefícios é o aumento da eficiência e da produtividade. As tecnologias digitais podem simplificar processos, automatizar tarefas repetitivas e melhorar a comunicação e a colaboração, conduzindo a níveis de produtividade mais elevados e a poupanças de custos para as PME.

Além disso, as tecnologias digitais também podem ajudar as PME a alcançar novos mercados e clientes. Ao estabelecer uma presença em linha e ao tirar partido das estratégias de marketing digital, as PME podem expandir o seu alcance para além das fronteiras geográficas tradicionais e atrair uma maior base de clientes. Isto pode levar a um aumento das vendas e das receitas, bem como a uma maior notoriedade e reconhecimento da marca.

Para além disso, as tecnologias digitais podem fornecer às PME dados e conhecimentos valiosos que podem informar a tomada de decisões e o desenvolvimento de estratégias. Ao recolher e analisar dados sobre o comportamento dos clientes, as tendências do mercado e o desempenho operacional, as PME podem tomar decisões mais informadas e adaptar as suas estratégias comerciais para melhor satisfazer as necessidades dos seus clientes e partes interessadas.

De um modo geral, embora existam certamente desafios que as PME têm de ultrapassar quando adoptam as tecnologias digitais, existem também inúmeras oportunidades de crescimento e sucesso. Ao investirem nas tecnologias correctas, ao desenvolverem as competências e conhecimentos necessários e ao promoverem uma cultura de inovação e adaptabilidade, as PME podem posicionar-se para o sucesso a longo prazo na economia digital. É imperativo que as PME adoptem a transformação digital e aproveitem os benefícios das tecnologias digitais para se manterem competitivas e prosperarem no atual panorama empresarial em rápida evolução.

Capítulo 5: Construir parcerias sustentáveis

Nas últimas décadas, o Gana sofreu uma mudança significativa na sua paisagem económica, com o crescimento das Pequenas e Médias Empresas (PME) a desempenhar um papel crucial na condução do desenvolvimento económico. As PME no Gana representam uma componente fundamental da economia do país, sendo responsáveis por uma grande parte do PIB e das oportunidades de emprego. No entanto, apesar do seu potencial, muitas PME no Gana enfrentam desafios que impedem o seu crescimento e sustentabilidade. Uma das principais formas de enfrentar estes desafios é através do estabelecimento de parcerias sustentáveis que apoiem o crescimento das PME.

A criação de parcerias sustentáveis para o crescimento das PME no Gana requer uma abordagem multifacetada que tenha em consideração as necessidades e os desafios únicos enfrentados pelas PME no país (Amaglo, 2019). Um dos principais aspectos da criação de parcerias sustentáveis é promover a colaboração entre as PME e outras partes interessadas, tais como agências governamentais, instituições financeiras e organizações sem fins lucrativos. Ao trabalharem em conjunto, estas partes interessadas podem partilhar recursos, conhecimentos e experiência para apoiar o crescimento e a sustentabilidade das PME no Gana.

Outro aspeto importante da criação de parcerias sustentáveis para o crescimento das PME no Gana é a concentração no reforço das capacidades e no desenvolvimento de competências. Muitas PME no Gana não dispõem das competências e dos recursos necessários para competir no mercado global, o que prejudica o seu potencial de crescimento. As parcerias sustentáveis podem ajudar a resolver este problema, fornecendo às PME formação e apoio em áreas como o marketing, as finanças e a tecnologia, ajudando-as a melhorar a sua competitividade e sustentabilidade.

Para além do reforço de capacidades, as parcerias sustentáveis podem também proporcionar às PME do Gana o acesso a recursos financeiros e a mercados. Um dos maiores obstáculos ao crescimento das PME no Gana é o acesso limitado ao financiamento, que dificulta a sua capacidade de investir em novas tecnologias, expandir as suas operações e chegar a novos mercados. Ao formar parcerias com instituições financeiras e investidores, as PME podem aceder ao capital de que necessitam para crescer e prosperar, ao mesmo tempo que ganham acesso a novos mercados e clientes através de redes de parcerias.

Além disso, as parcerias sustentáveis também podem ajudar as PME do Gana a ultrapassar as barreiras regulamentares e as restrições comerciais que limitam o seu potencial de crescimento. Ao estabelecerem parcerias com agências governamentais e associações industriais, as PME podem defender reformas políticas que criem um ambiente empresarial mais propício, simplifiquem os processos regulamentares e reduzam as barreiras comerciais que prejudicam a sua capacidade de competir no mercado global.

Além disso, as parcerias sustentáveis também podem ajudar as PME do Gana a adotar práticas empresariais mais sustentáveis que reduzam o seu impacto ambiental e melhorem a sua responsabilidade social. Através de parcerias com organizações sem fins lucrativos e especialistas em sustentabilidade, as PME podem aceder a recursos e apoio para implementar tecnologias ecológicas, reduzir os resíduos e as emissões e promover iniciativas de responsabilidade social que beneficiem a comunidade local.

Outro aspeto importante da criação de parcerias sustentáveis para o crescimento das PME no Gana é a promoção da inovação e do empreendedorismo. Através de parcerias com universidades, instituições de investigação e centros de inovação, as PME podem aceder às mais recentes tecnologias, investigação e conhecimentos especializados para promover a inovação e o empreendedorismo nas suas empresas. As parcerias sustentáveis podem ajudar as PME a desenvolver novos produtos, serviços e modelos de negócio que satisfaçam as necessidades em evolução do mercado e criem valor para os clientes.

Em geral, a criação de parcerias sustentáveis para o crescimento das PME no Gana é essencial para impulsionar o desenvolvimento económico, criar empregos e melhorar os meios de subsistência. Ao promover a colaboração, o desenvolvimento de capacidades, o acesso ao financiamento e aos mercados, a defesa de políticas, a sustentabilidade e a inovação, as parcerias sustentáveis podem apoiar o crescimento e a sustentabilidade das PME no Gana. Enquanto estudante licenciado, é importante compreender a importância das parcerias sustentáveis na promoção do crescimento das PME e defender políticas e iniciativas que promovam a colaboração e o apoio às PME no Gana. Ao trabalharmos em conjunto, podemos criar uma economia mais inclusiva e sustentável que beneficie todas as partes interessadas.

Colaboração público-privada

As pequenas e médias empresas (PME) desempenham um papel crucial no desenvolvimento económico do Gana, criando empregos, estimulando a inovação e contribuindo para o PIB do país. No entanto, as PME no

Gana enfrentam frequentemente desafios como a falta de acesso ao financiamento, conhecimentos técnicos limitados e infra-estruturas inadequadas. A fim de apoiar o crescimento das PME, as entidades dos sectores público e privado implementaram várias iniciativas para prestar apoio financeiro e não financeiro.

Uma das principais formas de o sector público apoiar o crescimento das PME no Gana é através da prestação de assistência financeira. O governo do Gana criou vários fundos e programas destinados a prestar apoio financeiro às PME, como o National Board for Small Scale Industries (NBSSI), que presta assistência financeira sob a forma de empréstimos e subsídios às PME. Além disso, o governo também criou uma série de incentivos fiscais e subsídios para encorajar o investimento nas PME.

Por outro lado, o sector privado também desempenha um papel significativo no apoio ao crescimento das PME no Gana, fornecendo acesso a conhecimentos especializados, redes e oportunidades de mercado. As entidades do sector privado, como as empresas de investimento, as organizações de desenvolvimento empresarial e as associações industriais, oferecem assistência técnica, programas de orientação e oportunidades de criação de redes para ajudar as PME a terem êxito. Além disso, o sector privado também proporciona acesso a oportunidades de mercado através de ligações a grandes empresas, mercados de exportação e cadeias de abastecimento.

Para além do apoio financeiro e não financeiro, a reestruturação da dívida desempenha um papel crucial no apoio ao crescimento das PME no Gana. A reestruturação da dívida envolve a renegociação dos termos da dívida de uma empresa para a tornar mais gerível e sustentável. Isto pode incluir o alargamento do período de reembolso, a redução das taxas de juro ou a conversão da dívida em capital próprio. A reestruturação da dívida pode dar às PME a margem de manobra de que necessitam para investir no crescimento, na inovação e na criação de emprego.

Além disso, a reestruturação da dívida pode ajudar as PME do Gana a ultrapassar desafios financeiros, como restrições de tesouraria, taxas de juro elevadas e acesso limitado ao crédito. Ao reestruturar a sua dívida, as PME podem melhorar a sua saúde financeira, reduzir os seus encargos financeiros e posicionar-se para o sucesso a longo prazo. A reestruturação da dívida também pode ajudar as PME a evitar a falência e a insolvência, permitindo-lhes continuar a operar e a contribuir para a economia.

De um modo geral, as parcerias público-privadas são essenciais para apoiar o crescimento das PME no Gana e facilitar a reestruturação da dívida. Ao combinar os recursos, a experiência e as redes dos sectores público e privado, as PME do Gana podem ter acesso ao apoio de que necessitam para prosperar e ter êxito. Através de esforços de colaboração, os decisores políticos, as instituições financeiras, as associações industriais e as empresas de investimento podem trabalhar em conjunto para criar um ecossistema de apoio ao crescimento e à prosperidade das PME.

Em resumo, as PME desempenham um papel crítico no desenvolvimento económico do Gana e é essencial fornecer-lhes o apoio de que necessitam para terem êxito. As entidades dos sectores público e privado têm a responsabilidade de trabalhar em conjunto para fornecer às PME o apoio financeiro, técnico e de mercado de que necessitam para prosperar. Além disso, a reestruturação da dívida pode ser um instrumento valioso para ajudar as PME do Gana a gerir os seus desafios financeiros e a posicionarem-se para o crescimento. Ao alavancar as parcerias público-privadas e ao implementar estratégias sólidas de reestruturação da dívida, o Gana pode criar um ambiente propício ao sucesso das PME e contribuir para o crescimento económico do país.

Cooperação regional e internacional

A cooperação regional e internacional são componentes essenciais para o desenvolvimento económico dos países em todo o mundo. No caso do Gana, a cooperação regional e internacional desempenha um papel crucial na resolução dos problemas de reestruturação da dívida do país e no apoio às pequenas e médias empresas (PME). O Gana, tal como muitos países em desenvolvimento, enfrenta desafios significativos na gestão dos seus níveis de dívida e no apoio ao crescimento das PME, que são a espinha dorsal da economia do país. Ao participar em iniciativas de cooperação regional e internacional, o Gana pode aproveitar os recursos e a experiência necessários para enfrentar estes desafios e promover o crescimento económico.

Um dos principais domínios em que a cooperação regional e internacional pode apoiar o Gana é a reestruturação da dívida. O Gana tem-se debatido com elevados níveis de dívida nos últimos anos, o que representa uma ameaça significativa para a estabilidade fiscal e o crescimento económico do país. Ao trabalhar com parceiros regionais e internacionais, o Gana pode ter acesso a programas de alívio da dívida e assistência financeira, que podem ajudar a reduzir o peso da dívida e criar mais espaço fiscal para investimentos em sectores críticos como as infra-estruturas, a educação e os cuidados de saúde.

Além disso, a cooperação regional e internacional também pode fornecer ao Gana assistência técnica e apoio ao reforço das capacidades para melhorar as suas práticas de gestão da dívida. Ao implementar políticas e práticas sólidas de gestão da dívida, o Gana pode gerir melhor os seus níveis de endividamento e minimizar o risco de sobre-endividamento no futuro. Isto, por sua vez, pode ajudar a aumentar a confiança dos investidores na economia do país e atrair mais investimentos estrangeiros, que são vitais para um crescimento económico sustentável.

Para além da reestruturação da dívida, a cooperação regional e internacional pode também desempenhar um papel crucial no apoio ao crescimento das PME no Gana. As PME são a espinha dorsal da economia do Gana, representando uma parte significativa do PIB e do emprego do país. No entanto, as PME no Gana enfrentam inúmeros desafios, incluindo o acesso limitado ao financiamento, infra-estruturas inadequadas e falta de apoio ao desenvolvimento empresarial. Ao colaborar com parceiros regionais e internacionais, o Gana pode aceder a recursos financeiros, conhecimentos técnicos e oportunidades de mercado que podem ajudar as PME a crescer e a prosperar.

Uma das formas como a cooperação regional e internacional pode apoiar as PME no Gana é através do acesso a facilidades de financiamento e de crédito. Muitas PME no Gana têm dificuldade em obter financiamento das instituições bancárias tradicionais devido à falta de garantias e de historial de crédito. Através de parcerias com instituições financeiras regionais e internacionais, o Gana pode criar programas de empréstimo especializados para as PME, oferecendo-lhes acesso a crédito e serviços financeiros acessíveis que as podem ajudar a expandir os seus negócios e a criar oportunidades de emprego.

Além disso, a cooperação regional e internacional pode também facilitar a transferência de tecnologia e as iniciativas de partilha de conhecimentos que podem beneficiar as PME no Gana. Ao aproveitar a experiência e os recursos dos parceiros regionais e internacionais, o Gana pode introduzir tecnologias inovadoras e melhores práticas para ajudar as PME a melhorar a sua produtividade, eficiência e competitividade. Isto pode ajudar as PME do Gana a entrar em novos mercados, a desenvolver novos produtos e serviços e a melhorar o seu desempenho empresarial global.

Além disso, a cooperação regional e internacional pode também facilitar as oportunidades de acesso ao mercado para as PME do Gana. Ao recorrer a acordos e parcerias comerciais regionais e internacionais, o Gana pode abrir novos mercados para as suas PME, permitindo-lhes exportar os seus produtos e serviços para um público mais vasto. Isto pode ajudar as PME do Gana a diversificar a sua base de clientes, aumentar as suas receitas e criar oportunidades de crescimento sustentável que podem impulsionar o desenvolvimento económico e a criação de emprego.

Além disso, a cooperação regional e internacional pode também apoiar iniciativas de reforço das capacidades das PME no Gana. Ao fornecer programas de formação, workshops e oportunidades de orientação, os parceiros regionais e internacionais podem ajudar as PME a melhorar as suas competências empresariais, capacidades de gestão e perspicácia comercial. Isto pode permitir às PME do Gana enfrentar os desafios do mercado global, adaptar-se a ambientes empresariais em mudança e tirar partido das oportunidades de crescimento em sectores emergentes.

Em resumo, a cooperação regional e internacional desempenha um papel vital na resolução dos desafios da reestruturação da dívida do Gana e no apoio ao crescimento das PME no país. Ao colaborar com parceiros regionais e internacionais, o Gana pode aceder a recursos financeiros, conhecimentos técnicos, oportunidades de mercado e apoio ao reforço de capacidades que podem ajudar a enfrentar os desafios fiscais e económicos do país e criar um ambiente propício ao crescimento e desenvolvimento sustentáveis. Para o futuro, é crucial que o Gana continue a reforçar as suas parcerias com os intervenientes regionais e internacionais, a fim de aproveitar os seus conhecimentos e recursos em benefício da economia do país e do sector das PME.

O colapso da energia: Custos operacionais para as PME

O sector da energia sofreu alterações significativas nos últimos anos, com uma mudança para fontes de energia renováveis e uma maior ênfase na eficiência energética. Esta mudança foi impulsionada por uma série de factores, incluindo preocupações ambientais, volatilidade dos preços dos combustíveis fósseis e avanços tecnológicos. Consequentemente, as pequenas e médias empresas (PME) estão a enfrentar novos desafios quando se trata de gerir os seus custos operacionais relacionados com o consumo de energia.

Um dos principais desafios que as PME enfrentam no atual panorama energético é o aumento do custo da energia. À medida que mais empresas competem por recursos energéticos limitados, os preços têm continuado a aumentar, colocando uma pressão nos orçamentos de muitas PME. Para se manterem competitivas neste ambiente, as PME têm de encontrar formas de reduzir o seu consumo de energia e melhorar a sua eficiência energética. Esta pode ser uma tarefa difícil para muitas PME, uma vez que podem não dispor dos recursos e conhecimentos necessários para implementar medidas de poupança de energia rentáveis.

Outro desafio que as PMEs enfrentam no sector da energia é a crescente complexidade da aquisição e gestão de energia. Com o aumento das fontes de energia renováveis e da produção distribuída, as PMEs têm de navegar num mercado complexo e em rápida mudança para garantir os melhores negócios de energia para as suas empresas. Este pode ser um processo moroso e dispendioso, exigindo que as PME invistam em novas tecnologias e conhecimentos para gerir eficazmente os seus custos energéticos.

Para além do aumento dos preços da energia e da maior complexidade, as PME do sector da energia também enfrentam desafios regulamentares que podem ter impacto nos seus custos operacionais. A regulamentação do sector da energia está em constante evolução e o seu cumprimento pode ser dispendioso e moroso para as PME. O não cumprimento destes regulamentos pode resultar em multas e penalizações, aumentando ainda mais os custos operacionais das PME no sector da energia.

Apesar destes desafios, há uma série de oportunidades para as PME reduzirem os seus custos operacionais relacionados com o consumo de energia. Ao implementarem medidas de eficiência energética, ao investirem em fontes de energia renováveis e ao manterem-se informadas sobre as últimas tendências e regulamentações do mercado, as PME podem atenuar o impacto do aumento dos preços da energia e melhorar a sua competitividade global. A colaboração com fornecedores de serviços energéticos e agências governamentais também pode ajudar as PME a aceder aos recursos e ao apoio de que necessitam para serem bem sucedidas no sector da energia.

Em resumo, a década da energia apresenta uma série de desafios e oportunidades para as PME na gestão dos seus custos operacionais relacionados com o consumo de energia. Ao lidar com o aumento dos preços da energia, ao navegar pelas complexidades do mercado da energia e ao manter-se em conformidade com os regulamentos, as PME podem posicionar-se para o sucesso no panorama energético em evolução. Com as estratégias e os recursos adequados, as PME podem não só reduzir os seus custos energéticos, mas também melhorar a sua sustentabilidade e competitividade globais no sector da energia.

Estudos de caso:

Implementação de práticas de eficiência energética

As pequenas e médias empresas (PME) desempenham um papel fundamental na economia do Gana, sendo responsáveis por uma parte significativa do emprego e do PIB. No entanto, estas empresas enfrentam frequentemente desafios na redução dos custos operacionais, nomeadamente os custos energéticos. Neste livro, iremos explorar a forma como estudos de caso demonstraram que a implementação de práticas de eficiência energética pode ajudar as PME no Gana a reduzir os seus custos operacionais e a melhorar os seus resultados.

Estudo de caso 1: Uma empresa transformadora em Accra

Um estudo de caso envolveu uma empresa de produção em Accra que se debatia com elevados custos de energia. Com a realização de uma auditoria energética e a aplicação de medidas de eficiência energética, como a atualização para iluminação LED e a instalação de maquinaria energeticamente eficiente, a empresa conseguiu reduzir o seu consumo de energia em 20% e poupar milhares de dólares em custos operacionais. Isto não só ajudou a empresa a reduzir o seu impacto ambiental, como também melhorou a sua rentabilidade.

Estudo de caso 2: Uma loja de retalho em Kumasi

Outro estudo de caso centrou-se numa loja de retalho em Kumasi que enfrentava facturas de energia elevadas devido a sistemas de iluminação e AVAC ineficientes. Através da implementação de medidas de poupança de energia, como o isolamento de janelas, a instalação de termóstatos programáveis e a mudança para electrodomésticos energeticamente eficientes, a loja conseguiu reduzir os seus custos de energia em 30%. Isto não só aumentou a rentabilidade da loja, como também melhorou a experiência geral do cliente.

Estudo de caso 3: Uma empresa de TI em Takoradi

Num terceiro estudo de caso, uma empresa de TI em Takoradi debatia-se com elevados custos de energia devido à sua grande sala de servidores e a sistemas de refrigeração desactualizados. Ao implementar práticas de eficiência energética, como a virtualização e a consolidação de servidores, bem como ao atualizar os seus sistemas de refrigeração, a empresa conseguiu reduzir o seu consumo de energia em 25% e poupar nos custos operacionais. Isto permitiu que a empresa investisse noutras áreas do seu negócio e se mantivesse competitiva no mercado.

Por Reuters

24 de maio de 20243:06 PM GMAtualizado há 21 horas

Figura 1:

Uma pessoa caminha em frente a lojas fechadas enquanto os comerciantes encerram as suas lojas em protesto contra o agravamento das condições económicas do Gana, em Acra, Gana, a 19 de outubro de 2022. REUTERS/Francis Kokoroko/Foto de arquivo.

Benefícios da redução dos custos operacionais da energia para as PME

Os estudos de caso destacados acima demonstram os benefícios significativos que as PME no Gana podem alcançar reduzindo os seus custos operacionais através de práticas de eficiência energética. Isto não só ajuda as empresas a poupar dinheiro nas suas facturas de energia, como também melhora a sua competitividade, reduz o seu impacto ambiental e aumenta a sua sustentabilidade global. Ao investir em tecnologias e práticas energeticamente eficientes, as PME podem preparar as suas empresas para o futuro e posicionar-se para o sucesso a longo prazo.

Desafios e obstáculos

Embora os benefícios da redução dos custos operacionais através da eficiência energética sejam claros, as PME no Gana enfrentam vários desafios e barreiras na implementação destas práticas. Estes incluem a falta de consciencialização, acesso limitado ao financiamento e conhecimentos técnicos. Além disso, algumas PME têm a perceção de que o investimento em eficiência energética é dispendioso e demorado, o que as pode dissuadir de tomar medidas. Para ultrapassar estes desafios, será necessário um esforço concertado do governo, das associações industriais e de outras partes interessadas para fornecer apoio e recursos às PME que procuram melhorar a sua eficiência energética.

Recomendações para as PME

Para ajudar as PME do Gana a reduzir os seus custos operacionais de energia e a melhorar os seus resultados, podem ser feitas várias recomendações. Em primeiro lugar, as PME devem efetuar auditorias energéticas para identificar áreas de ineficiência e oportunidades de melhoria. Em segundo lugar, devem investir em tecnologias e práticas energeticamente eficientes, como a iluminação LED, o isolamento e os electrodomésticos energeticamente eficientes. Em terceiro lugar, as PME devem educar os seus funcionários sobre a importância da conservação de energia e incentivá-los a adotar hábitos de poupança de energia. Por último, as PME devem procurar incentivos financeiros e apoio de programas governamentais e associações industriais para ajudar a compensar os custos de implementação de medidas de eficiência energética.

Em resumo, os estudos de caso mostraram que a redução dos custos operacionais através de práticas de eficiência energética pode ter um impacto positivo significativo nas PME do Gana. Ao investir na eficiência energética, as PME podem não só poupar dinheiro nas suas facturas de energia, mas também melhorar a sua competitividade, reduzir o seu impacto ambiental e melhorar a sua sustentabilidade global. Embora existam desafios e barreiras a ultrapassar, com o apoio e os recursos correctos, as PME no Gana podem reduzir com sucesso os seus custos operacionais através da eficiência energética e posicionar-se para o sucesso a longo prazo no mercado.

Capítulo 6: Um roteiro para a prosperidade

A economia do Gana tem enfrentado desafios significativos nos últimos anos, particularmente em termos do seu peso da dívida e do crescimento das suas pequenas e médias empresas (PME). É importante analisar a situação atual no Gana e propor um roteiro para a reestruturação da dívida e a promoção do crescimento das PME.

Em primeiro lugar e acima de tudo, é crucial abordar os elevados níveis de dívida do Gana, que têm sido uma grande preocupação tanto para os decisores políticos como para os investidores. O governo deve trabalhar no sentido de um plano abrangente de reestruturação da dívida que ajude a reduzir o rácio dívida/PIB do país e crie uma perspetiva fiscal mais sustentável. Isto pode envolver a renegociação das condições dos empréstimos com os credores, a procura de alívio da dívida junto de organizações internacionais ou a emissão de novas obrigações com condições mais favoráveis.

Para além da reestruturação da dívida, a promoção do crescimento das PME é essencial para o desenvolvimento económico do Gana. As PME desempenham um papel crucial na criação de emprego, na inovação e na redução da pobreza, mas enfrentam frequentemente desafios significativos no acesso ao financiamento, aos mercados e ao apoio técnico. O governo deve, por conseguinte, implementar políticas que apoiem o crescimento das PME, tais como a prestação de assistência financeira específica, a melhoria do acesso aos mercados e a oferta de programas de formação e de orientação para os empresários.

Uma forma de apoiar o crescimento das PME é através da criação de uma agência ou departamento específico que se concentre no apoio às pequenas empresas. Esta agência poderia fornecer um balcão único para as PME que procuram assistência, oferecendo serviços como aconselhamento empresarial, correspondência financeira e apoio regulamentar. Ao centralizar o apoio às PME, o governo pode garantir que as pequenas empresas recebem a ajuda de que necessitam para prosperar e crescer.

Outro aspeto importante da promoção do crescimento das PME é a melhoria do acesso das pequenas empresas ao financiamento. Muitas PME no Gana têm dificuldade em aceder ao crédito de bancos e instituições financeiras, o que limita a sua capacidade de investir, expandir e inovar. O governo deve, por conseguinte, trabalhar para desenvolver novos mecanismos de financiamento para as PME, tais como fundos de capital de risco, instituições de microfinanciamento e plataformas de empréstimo entre pares.

Além disso, o governo deve trabalhar para criar um ambiente empresarial favorável às PME, reduzindo as barreiras regulamentares, simplificando os processos burocráticos e melhorando as infra-estruturas. Ao facilitar o funcionamento e o crescimento das pequenas empresas, o governo pode estimular o empreendedorismo, a inovação e o desenvolvimento económico.

Para garantir o sucesso das suas iniciativas de reestruturação da dívida e de crescimento das PME, o governo deve também concentrar-se na criação de instituições fortes, capazes de implementar e monitorizar estas políticas. Isto pode implicar a criação de um grupo de trabalho ou comité específico responsável pela supervisão dos esforços de reestruturação da dívida e de crescimento das PME, bem como o estabelecimento de indicadores de desempenho claros e de mecanismos de responsabilização para acompanhar os progressos.

Por último, é importante que o governo se envolva com as partes interessadas do sector privado, da sociedade civil e das organizações internacionais no desenvolvimento e implementação do seu roteiro para a reestruturação da dívida e o crescimento das PME. Ao trabalhar em colaboração com uma vasta gama de actores, o governo pode garantir que as suas políticas sejam bem informadas, eficazes e sustentáveis a longo prazo.

O Gana enfrenta desafios significativos em termos do seu endividamento e do crescimento do seu sector das PME. É importante propor um roteiro para a reestruturação da dívida e a promoção do crescimento das PME que seja abrangente, direcionado e sustentável. Se enfrentar estes desafios de frente e implementar as reformas necessárias, o Gana pode melhorar as suas perspectivas económicas, criar emprego e promover a inovação e o empreendedorismo nos próximos anos.

Referência

Amaglo, J. K. (2019) Estratégias para a sustentabilidade das pequenas e médias empresas no Gana. Walden University. https://scholarworks.waldenu.edu/cgi/viewcontent.cgi?article=8242&context=dissertations

Atuahene, R.; Agyei, I. K. e Frimpong, K. B. (2024) Ghana's Public Debt Crisis: Lessons from the Present and the Future. https://www.researchgate.net/publication/379597533

Atuobi, S. M. (2007) Corruption and State Instability in West Africa: An Examination of Policy Options. Documento de Trabalho Ocasional do KAIPTC n.º 21, 2007.

Banco do Gana (2022). Recuperado em 3rd junho 2024. https://www.bog.gov.gh/wp-content/uploads/2022/12/Ghana-DDE2022-Exchange-memorandum.pdf

Financial Times (2023) Gana garante acordo com o FMI de US $ 3 bilhões depois que os credores concordam com a reestruturação da dívida. Recuperado em 3rd junho 2024. https://www.ft.com/content/dcbe7953-334d-4e39-890f-4bbf8d0917b1

Relatório ICSB (2023) Annual Global Micro-Small and Medium-Sized Enterprises Report, junho de 2023. https://www.un.org/sites/un2.un.org/files/icsb-global-msmes-report-2023.pdf

Justine, B. (2018) Ajuda Externa e Estabilidade Política em África Pós-Colonial: Uma Análise de Estudo de Caso. https://repository.lsu.edu/gradschool_theses/4813

Lateef, K. S. (2016) Evolution of World Bank's Thinking on Governance. Documento de referência para o Relatório sobre o Desenvolvimento Mundial de 2017

Mofep (2022). Ministério das Finanças e do Planeamento Económico, https://mofep.gov.gh/press-release. Recuperado em 31st maio 2024.

Mofep (2024). Ministério das Finanças e do Planeamento Económico, https://mofep.gov.gh/press-release. Retirado em 31st maio 2024.

Musah, I. (2023) An Empirical Investigation of Macroeconomic Determinants of Public Debt in Ghana, *Cogent Economics & Finance*, 11:2, 2285625, DOI: 10.1080/23322039.2023.2285625

Nelson, J.; Jenkins, B. e Gilbert, R. (2015) Business and the Sustainable Development Goals: Building Blocks for Success at Scale. https://www.hks.harvard.edu/sites/default/files/BusinessandSDGs(Final).pdf

Rose-Ackerman, S. (2004) The Challenges of Poor Governance and Corruption. Documento de Desafio do Consenso de Copenhaga

Saha S. e Sen K. (2023) Do Economic and Political Crisis Lead to Corruption? The Role of Institution? Economic Modelling, 124, 106307. www.journals.elsevier.com/economic-modelling

Biografia do primeiro autor

O Dr. George Asumadu é Professor Sénior na Universidade Técnica de Kumasi, Kumasi, Gana. É doutorado em Economia pela Academia Estatal de Instrumentação e Informática de Moscovo, Moscovo, desde fevereiro de 2000. Trabalhou para a Missão das Nações Unidas no Kosovo de abril de 2000 a abril de 2005 e como consultor financeiro em projectos assistidos por doadores para o Ministério da Reabilitação e Desenvolvimento Rural (MRRD), Cabul, Afeganistão, de abril de 2005 a dezembro de 2006. No Gana, o Dr. Asumadu trabalhou como Controlador Financeiro na Biwater International antes de entrar para o mundo académico em 2009. Ocupou vários cargos, incluindo o de Decano dos Estudantes, Decano da Escola de Gestão, Chefe de Departamento e responsável pelos exames da Escola de Pós-Graduação da Universidade Técnica de Kumasi. O Dr. Asumadu leccionou extensivamente nas áreas de Economia, Finanças e Contabilidade, bem como estudos de Gestão no Departamento de Contabilidade e Sistemas de Informação Contabilística.

Biografia do segundo autor

O Dr. Daniel Ofori é o Diretor Adjunto do Instituto de Ensino à Distância e Contínuo em Kumasi Technical University , no Gana. Tem um doutoramento em Economia Industrial pela Universidade de Tecnologia de Wuhan, China. O Dr. Ofori é Professor Sénior e leccionou durante mais de quinze anos nas áreas de Economia, Empreendedorismo e Finanças, bem como Economia de Engenharia. Foi antigo decano da Faculdade de Empreendedorismo e Desenvolvimento Empresarial, chefe do Departamento de Empreendedorismo e Finanças e, atualmente, responsável pelo exame do Departamento de Empreendedorismo e Finanças da Universidade Técnica de Kumasi, no Gana. O Dr. Ofori trabalhou extensivamente como Consultor Económico com a Agência de

Empresas do Gana (GEA), o Projeto de Emprego e Competências do Gana procura capacitar os jovens desempregados para alcançar um desenvolvimento empresarial sustentável, que é um Projeto do Banco Mundial desde maio de 2022 até à data. O Dr. Ofori é membro do Chartered Institute of Economics.

MIX
Papier aus verantwortungsvollen Quellen
Paper from responsible sources
FSC® C105338

Printed by Books on Demand GmbH, Norderstedt / Germany